Karl Rahner

Jesus nachfolgen – anders als gedacht

Karl Rahner

Jesus nachfolgen – anders als gedacht

Herausgegeben von
Andreas R. Batlogg
und Peter Suchla

Matthias Grünewald Verlag

VERLAGSGRUPPE PATMOS

PATMOS
ESCHBACH
GRÜNEWALD
THORBECKE
SCHWABEN
VER SACRUM

Die Verlagsgruppe
mit Sinn für das Leben

MIX
Papier aus verantwortungsvollen Quellen
FSC® C014496

Klimaneutral
Druckprodukt
ClimatePartner.com/14549-2003-1001

Für die Verlagsgruppe Patmos ist Nachhaltigkeit ein wichtiger Maßstab ihres Handelns. Wir achten daher auf den Einsatz umweltschonender Ressourcen und Materialien.

Verlagsgruppe Patmos in der Schwabenverlag AG, Ostfildern
www.gruenewaldverlag.de

Umschlaggestaltung: Finken & Bumiller
Umschlagmotiv: © Deutsche Region der Jesuiten
Satz: Schwabenverlag, Ostfildern
Druck: GGP Media GmbH, Pößneck
Hergestellt in Deutschland
ISBN 978-3-7867-3303-4

Inhalt

Nachfolge jenseits frommer Klischees

Einführung der Herausgeber

I. Menschen, die sich mit Jesus verbinden

Von »Nachfolge« und »nachfolgen« ist auch im zivilen Leben die Rede: Etwa wenn es gilt, Posten nach zu besetzen, für frei werdende Stellen neue Personen zu finden. »Patriarchen« von Familienunternehmen regeln ihre Nachfolge meistens selbst – oder sie verpassen den richtigen Zeitpunkt, weil sie nicht loslassen können. Auch bei jeder Entlassung eines Fußballtrainers wird die Frage nach der Nachfolge neu gestellt.

Aber Nachfolge *Jesu* ist etwas anderes. Sie hat nichts zu tun mit einer Jobsuche oder Stellenbesetzung. Und ist auch nicht einfach identisch mit den vielen Klischees, die darüber kursieren, etwa: besonders fromm sein, die kirchlichen Gebote punktgenau erfüllen, möglichst viele Gottesdienste und Andachten besuchen, den höchsten moralischen Ansprüchen genügen, Vater und Mutter verlassen und predigend durchs Land ziehen … Nein, Klischees dieser Art bedient Rahner nicht.

Nachfolge Jesu hat mit Sich-verbunden-Fühlen zu tun, mit Vertrauen, und zwar mit existenziellem Vertrauen, also mit Vertrauen, das unsere Existenz betrifft, unser Leben und Sterben. Verbundensein mit Jesus und Vertrauen zu ihm lassen sich aber auf unterschiedliche Weise praktizieren, sei es bewusst oder unbewusst.

Menschen praktizieren dieses Vertrauen – bewusst dort, wo sie sich für ein christliches Leben, für eine christliche Lebensführung entscheiden: sei es in einer kirchlichen Bewegung, sei es als Geistliche oder Ordensleute, sei es als Menschen, die in Familie und Beruf deutlich machen, auf wen sie *auch* hören, auf wen sie *auch* setzen, auf wen sie *auch* bauen, was (besser: wer) für sie *auch* zählt;

– unbewusst, wo Menschen, ohne es zu äußern, vielleicht sogar, ohne es je näher beschreiben zu können, mit Jesus dennoch tief im Inneren verbunden sind.

Vielleicht unterschätzen wir, dass Christsein ein Weg ist, ein lebenslanger Übungsweg. In der Apostelgeschichte werden die Jünger Jesu »Anhänger des neuen Weges« (Apg 9,1 f.) genannt. Die ersten Christen wurden also mit einem Weg, nicht mit einer Lehre oder einer Institution identifiziert, und zwar mit dem Weg Jesu. Wenn dieser Weg ein lebenslanger Weg ist, dann folgt daraus, dass dieser Weg unterschiedliche Phasen hat und dass es unterschiedliche Möglichkeiten gibt, das Verbundensein mit Jesus zu leben.

Mit Jesus auf dem Weg sein, mit ihm verbunden sein, heißt auch, ihn zum Lebensgefährten zu haben, wie es das sogenannte IHS-Monogramm zum Ausdruck bringt (IHS – »Iesum Habemus Socium« / »Wir haben Jesus zum Gefährten«). Die Mitglieder des Jesuitenordens, dem Karl Rahner seit 1922 angehörte, pflegen dieses Monogramm besonders, aber ohne Exklusivrecht: Es gilt für alle Christen, die sich auf Jesus und seinen Weg einlassen – und dabei manchmal ganz konkret fragen: Was würde Jesus in dieser Situation tun (vgl. dazu A. R. Batlogg, Jesus begegnen. suchen – finden – bekennen. München 2021, S. 275–281). Wer mit Jesus und seinem Weg verbunden ist, muss freilich als eigenständiges Individuum dennoch eigene Wege gehen. Aber eben mit Jesus vor Augen. Doch was heißt es genau und ganz konkret: Jesus vor Augen zu haben?

Unzählige Bücher haben das zu beschreiben versucht. Das berühmteste ist wohl das Buch »Nachfolge Christi«. Wenige spirituelle, »fromme« Bücher werden zum Kanon der Weltliteratur gezählt. Dieses Andachtsbuch hat es geschafft, mit über 3000 Ausgaben gilt es als eines der verbreitetsten christlichen Bücher der Welt: Es stammt von Thomas von Kempen (1379/80–1471) und erschien, zuerst anonym, bereits um das Jahr 1418 auf Lateinisch (Titel: »Imitatio Christi«). So unterschiedliche Persönlichkeiten wie Papst Johannes XXIII., UN-Generalsekretär Dag Hammarskjöld oder Dietrich

Bonhoeffer hielten viel davon. Über einen Mithäftling erfuhr die Nachwelt, dass auch der Jesuit Alfred Delp, wie Bonhoeffer im KZ ermordet, zwei Tage vor seiner Hinrichtung am 2. Februar 1945 um die »Nachfolge Christi« bat: »In der Todeszelle lagen auf dem Tischchen eine zerbrochene Brille, ein Rosenkranz und ›Die Nachfolge Christi‹« (Roman Bleistein, Alfred Delp. Geschichte eines Zeugen. Frankfurt a.M. 1989, S. 408).

Diese »Imitatio Christi« war auch Rahner bekannt (er erwähnt sie im ersten der hier abgedruckten Texte). Aber er legt in seinen eigenen Überlegungen zur Nachfolge Jesu einen ganz anderen Akzent. Es geht Rahner nicht um die Nachahmung eines idealen Lebens im Sinne der Imitatio des Thomas von Kempen. Es geht ihm um ein existenzielles Geschehen in der Tiefe unseres Herzens, weshalb er ausdrücklich von »nachfolgen« spricht, nicht von »nachahmen«.

Der dänische Religionsphilosoph Sören Kierkegaard (1813–1855) hat in seiner Schrift »Einübung im Christentum« von 1850 zwischen »Bewunderern« und »Nachfolgern« Jesu unterschieden: »Die Bewunderer rühmen die großen Taten Jesu in der Welt von gestern. Die Nachfolger wissen, dass Jesus in der Welt von heute anwesend sein will. Die Bewunderer gehen einer letzten Entscheidung für Jesus geschickt aus dem Wege. Die Nachfolger verbinden ihr Schicksal vorbehaltlos mit dem Schicksal Jesu.«

Menschen, die ihr Schicksal vorbehaltlos mit dem Schicksal Jesu verbinden, die mit ihrem Leben als Getaufte sein Leben weiterschreiben und mit seinem Tod vor Augen das eigene Sterben verstehen, sind kein Fan-Club. Auf Follower, die in Sozialen Medien den »Like«-Button anklicken, kommt es nicht an. Nicht ums Schwärmen, ums Bewundern oder ums »Liken« geht es. Es geht ums Nachfolgen. Welcher Art diese Nachfolge ist, was es im letzten bedeutet, »sein Schicksal mit dem Schicksal Jesu zu verbinden«, wie man also Nachfolge anders als gedacht sehen, verstehen und leben kann – darum geht es in den Rahner-Texten dieses Bandes.

Ein Hinweis darauf, was Rahner unter Nachfolge versteht, findet sich im Brief des

Apostels Paulus an die Gemeinde in Rom. Dort schreibt Paulus, die Getauften seien »auf Jesu Tod getauft« (Röm 6,3). Eine merkwürdige Formulierung: auf Jesu Tod getauft sein. Wie soll man das zusammenbringen, Jesu Tod und unser Leben als Getaufte? Für Rahner entsteht aus diesem Zusammenhang ein neues Verständnis von Nachfolge, wie die hier versammelten Auszüge aus seinen Werken zeigen werden.

II. Zum Verständnis der Texte

Die sechs ausgewählten Texte Karl Rahners decken eine Schaffensbreite von fast drei Jahrzehnten ab. Man sieht daran, dass ihn das Thema nie losließ: ob als Theologieprofessor, als Vortragender, als Berater und Begleiter.

1.

»Jesus nachfolgen«. Im ersten, dem längsten Text, erwähnt Rahner eingangs die oben erwähnte »Imitatio Christi« (ohne deren Autor Thomas von Kempen namentlich zu nennen) und erinnert angesichts dieses »schillernden Wortes«, wie er es nennt, dass die Begriffe »Nachfolge« und »Nachahmung« zwar oft

für identisch gehalten werden, aber deutlich unterschieden werden sollten. Der Mensch, der seinen Blick auf Jesu richtet, soll »nicht eigentlich Jesus in seinem Leben zu kopieren und zu reproduzieren« versuchen. Jeder Mensch führt sein eigenes Leben, als Original und nicht als Kopie des Lebens eines anderen. Und heutzutage leben wir »in einer anderen geschichtlichen Situation als Jesus selbst, wir haben eine andere, je einmalige Aufgabe«, eine Aufgabe, die Jesus »gerade in seiner auch geschichtlich bedingten und begrenzten Existenz nicht hatte«. Von daher, so Rahner, »dürfen wir sicher, richtig verstanden, sagen, die Christen seien Nachfolger, nicht Nachahmer des Gekreuzigten«. Wenn wir aber in unserem eigenen Leben das Leben Jesu nicht nachahmen, nicht kopieren, worin besteht die Nachfolge Jesu dann?

Sie besteht für Rahner darin, dass wir Jesus als dem Gekreuzigten nachfolgen. Das bedeutet nicht, dass wir uns wie Jesus in Jerusalem ans Kreuz schlagen lassen müssten – auch wenn es im übertragenen Sinn solche Kreuz-Situationen im Leben jedes einzelnen geben mag. Es bedeutet, dass wir, die wir ausnahmslos alle einmal sterben werden, Jesus nachfolgen können in der Art, wie er starb. Um diese Nachfolge geht es: sterben wie er, sich fallen lassen wie er, in abgründige Leere, in weglose Finsternis, in namenlose Ferne … aber in dem grenzenlosen Vertrauen, dass man am Ende des Sterbens in Gottes liebende Hände fällt. Wenn man mit Rahner diese Art Nachfolge vor Augen hat, wird auf einmal auch das merkwürdige Wort des Paulus nachvollziehbar: auf Jesu Tod getauft sein.

2.

»*Umfasst von einer namenlosen Ferne*«. In einem Brief an einen Freund beschreibt Rahner im zweiten Text, wie diese abgründige Leere, weglose Finsternis, namenlose Ferne nicht nur im Sterben, sondern auch schon im Leben erahnt werden kann. Aber er warnt: Nenne, das, was Du erahnst, noch nicht Gott! »Es ist nur das, was auf Gott verweist und uns in seiner Namenlosigkeit und Grenzenlosigkeit ahnen lässt, dass Gott etwas anderes ist als noch ein Ding mehr, denen hinzugefügt, mit denen wir es sonst zu tun haben. [...] Wenn Du es so bei Dir aushältst und das Schweigen von Gott reden lässt, dann ist dieses laut rufende Schweigen seltsam zweideutig. Es ist zugleich die Angst des Todes wie die Verheißung der Unendlichkeit, die Dir segnend nahe kommt, und sie sind zu nahe beisammen und sich zu ähnlich, als dass wir von uns aus die ferne und doch nahe Unendlichkeit zu deuten vermöchten.«

3.

»Der Augenblick des Christentums«. Rahner sieht nicht nur das Kreuz Jesu. Er sieht es untrennbar verbunden mit Jesu *Auferstehung*. Der Tod hat nicht das letzte Wort. Die »unbedingte Kapitulation« ist verknüpft mit »unbedingter Hoffnung«: Da ist noch was!

Wer mit Jesus zusammen stirbt, wer sich abgrundtief fallen lässt und sich genau so ganz Gott überlässt, teilt das Schicksal Jesu im Sterben und in der Auferstehung, und ist genau darin ein Nachfolger Jesu. Deshalb ist dieses »Sterben wie Jesus und mit ihm« für Rahner absolut zentral: »Erst in diesem Augenblick, der noch für einen selbst aussteht, hat man das Christentum ergriffen.«

Genau diesen Augenblick, in dem man das Christentum ergreift, umschreiben und vertiefen auch die drei letzten kurzen Texte vier, fünf und sechs auf je eigene Weise.

Die Herausgeber wünschen allen Leserinnen und Lesern von Herzen, dass sie in den hier ausgewählten Perlen aus Rahners Schriften Inspiration für ihre eigenen Gedanken über die Nachfolge Jesu finden – und dass sie dereinst, im Moment des Sterbens, sich ebenso grenzenlos in die liebenden Hände Gottes fallen lassen können wie Jesus selbst.

Andreas R. Batlogg SJ

Peter Suchla

1. *Jesus nachfolgen*

In der Lehre über die christliche Spiritualität wird darauf aufmerksam gemacht, dass Nachfolge und Nachahmung (trotz des schillernden Wortes der *imitatio Christi* in der traditionellen Spiritualität) nicht einfach synonyme Begriffe sind, dass vom neutestamentlichen Begriff der Nach*folge* auszugehen ist, auch wenn Paulus auch den Begriff der Nachahmung kennt.

Jesus nachfolgen oder ihn nachahmen?

Gewiss haben wir nicht eigentlich Jesus in seinem Leben zu kopieren und zu reproduzieren. Wir leben in anderen geschichtlichen Situationen als Jesus selbst, wir haben eine andere, je einmalige Aufgabe, die er gerade in seiner auch geschichtlich bedingten und begrenzten Existenz nicht hatte; er und wir zusammen bilden den einen Christus der einen und einmaligen Gesamtheilsgeschichte, in der wir ihn bei aller entscheidenden Abhängigkeit von ihm und seiner geschichtlichen Existenz in Leben und Tod nicht reproduzieren, sondern seine geschichtliche Einzelwirklichkeit ergänzen (wie Paulus sagt) zu dem einen Christus in Haupt und Gliedern, der mit der ganzen erlösten Menschheit, die in Gott geborgen ist und Gott selber hat, identisch ist. Von daher dürften wir sicher, richtig verstanden, sagen, die Christen seien *Nachfolger*, nicht *Nachahmer* des Gekreuzigten.

Aber das ist doch auch wieder nicht die ganze Wahrheit. Wenn man das eben Gesagte allein bedenken und realisieren würde, wäre eben doch die Gefahr gegeben, dass praktisch der Imperativ [die Aufforderung] der Nachfolge Jesu als des Gekreuzigten sich in abstrakte moralische Prinzipien verwandeln würde, die in sich selber allein einsichtig wären und Jesus, sein Leben und seinen Tod herabdrücken würden zu einem bloß illustrierenden Beispiel für eine sittliche Maxime, die auch unabhängig von ihm bestehen könnte. Nachfolge Jesu, seines Lebens und Jesu als des Gekreuzigten ist aber letztlich doch etwas anderes als die Realisation eines allgemeinen Ideals. [...] In seinem Leben und in seinem Tod muss etwas gegeben sein, das einmalig ist, und zwar auch als Inhalt und Norm unserer Jesusnachfolge. [...]

Wir sind damit zu einem dunklen Problem gelangt, dessen Schwierigkeit in der ganzen Frömmigkeitsgeschichte des Christentums deutlich wird. Der altchristliche Fromme suchte Jesus nachzuahmen durch sein Martyrium in der Nachfolge des ersten Zeugens. Was ist, wenn dieses Martyrium nicht mehr möglich ist? Man ahmte ihn dann nach in der

Wüste, im nächtlichen Gebet, in der Armut, in dem Verzicht auf die Ehe und wurde dann doch ein wenig verlegen bei der Frage, wie denn *die* Christen Jesu nachfolgen, die solche konkreten Weisen der Nachfolge nicht auf sich nehmen können, wie solche Nachfolge möglich sei, ohne dass man bloß auf eine »Gesinnung«, auf eine Nachfolge »im Geiste« Berufung einlegen müsste.

Heute wird man vielleicht daran denken, dass man Jesus konkret nachfolgen könne und müsse durch eine Solidarität mit den Armen und Deklassierten, durch ein kritisches Verhältnis zu den durch Macht sich behauptenden Institutionalitäten in Gesellschaft und Kirche, durch den Mut zum Konflikt mit den Mächtigen. Es ist grundsätzlich durchaus denkbar, dass sich so im Glaubensbewusstsein der Kirche eine bis zu einem gewissen Grad neue Gestalt der nachahmenden Nachfolge Jesu anmeldet und so auch von daher dem Rückzug auf eine bloß innerliche und private Gesinnung in der Nachfolge Jesu wehrt. Da wir gewiss nicht bloß im Tode, sondern auch im Leben Jesu nachfolgen sollen, ist das Aufkommen einer solchen neuen Gestalt der Nachfolge gewiss von größter Bedeutung, zumal die bisherigen Gestalten solcher konkreten Nachfolge mehr oder weniger identisch waren mit den Lebensformen der Orden, die »Laien« aber einen solchen Lebensstil als fremd empfinden und sich nicht erst und nur so weit in der Nachfolge Jesu stehend erkennen wollen, als sie Stil und

Mentalität des Ordenslebens von ferne oder nahe nachahmen.

Aber selbst wenn man das alles sieht und für wichtig hält, scheint die eigentliche Frage, auf die wir hinsichtlich einer nachahmenden Nachfolge gestoßen sind, die nicht nur in Gesinnung hinein verschwindet, noch nicht gelöst zu sein. Die Präferenz [die Vorliebe], die Jesus für die Armen und Deklassierten in der Gesellschaft hat und lebt, und die gewiss nicht von einer abstrakten und allgemeinen Moralität, nicht einmal von einer christlichen Nächstenliebe allein abgeleitet werden kann, bedeutet ja noch keinen Stil der Nachfolge für die Armen und Deklassierten in der Gesellschaft selber, außer man würde sagen, diese Armen und Deklassierten würden Jesus nachfolgen, indem sie ihr Los geduldig tragen. Man hat diese Konsequenz im Lauf der Geschichte des Christentums nur zu oft und zu leichtsinnig gezogen, aber sie ist dann doch so etwas wie das Opium des Volkes, ist höchst problematisch und verkennt eigentlich den fundamentalen Unterschied, der zwischen einer freiwilligen Solidarisierung mit den Armen und Deklassierten als der eigenen souveränen Tat und einer Gefangenschaft in Armut und Not besteht. […] Überdies wird man doch wohl die Frage ohne eine sicher positive Antwort stehen lassen müssen, ob die Bevorzugung der Armen und Deklassierten bei Jesus ein entscheidendes Stilprinzip der Nachfolge bei jedem einzelnen Christen sein müsse oder ob man dies nur im Ernst höchstens von der Gemeinschaft der Glaubenden, der Kirche im ganzen sagen oder wenigstens wünschen müsse.

Nachfolge Jesu als Nachfolge des Gekreuzigten

Damit aber stehen wir vor der Frage, ob es denn nicht eine bestimmte konkrete, gewissermaßen nachahmende, Nachfolge Jesu geben könne, die weder in eine innerliche Gesinnung allein verlegt werden muss, noch nur verteilt auf einzelne und abgewandelt nach Perioden der christlichen Geschichte gedacht werden muss. Diese Frage, so meinen wir, kann nur, ohne in einen abstrakten Idealismus der Moral auszuweichen, beantwortet werden mit dem Satz: *Der Christ, jeder Christ und zu allen Zeiten, folgt Jesus in der Konkretheit seines Lebens nach, indem er mit ihm stirbt;* Nachfolge Jesu hat ihre letzte Wahrheit und Wirklichkeit und Allgemeingültigkeit in der *Nachfolge des Gekreuzigten.* Eine andere konkrete Inhaltlichkeit der Nachfolge, die doch für *alle* Christen zugleich gelten könnte und konkret bleibt, scheint mir nicht aufweisbar. Und damit münden diese bisherigen Bemerkungen über die Nachfolge Jesu von sich selber her in die Überlegungen über die Nachfolge Jesu als gerade des Gekreuzigten.

Worin besteht die Nachfolge des Gekreuzigten als Teilnahme an seinem Tod genauerhin, und warum ist diese Gleichheit des

Schicksals, die Gemeinsamkeit des Sterbens etwas, worin wir ihm nicht nur ähnlich sind, sondern von ihm im eigentlichen Sinne abhängen? Zunächst scheint ja alles gerade umgekehrt zu sein: Im Tode teilt Jesus, so sehr sein Tod konkrete außergewöhnliche Eigentümlichkeiten als gewaltsamer Tod an sich trug, doch unser aller Geschick, er scheint einer sterbenden Menschheit nachzufolgen in seinem Tod und nicht sie ihm.

Wir dürfen ruhig und müssen zuerst nach der Gleichheit seines und unseres Todes fragen, bevor wir ausdrücklicher die Frage stellen, warum wir dabei von ihm abhängig sind, ihm also im eigentlichen Sinne darin *nach*folgen und wir und er also nicht einfach gleichberechtigt dasselbe Los teilen, das über uns alle verhängt ist. Wenn wir zunächst nur nach der Gleichheit unseres und seines Todes fragen, dann ist natürlich auch, aber gar nicht allein nach dem Tod als einem physiologischen Ereignis gefragt – nach diesem physiologischen Ereignis eines medizinischen Exitus allerdings auch, weil der Mensch nicht nur einen Leib hat, sondern auch Leib ist, die ganze Breite und Tiefe der menschlichen Existenz bis in die sublimsten Aktualisationen [die feinsten Verwirklichungen] dieser Existenz leibhaftig vollzogen wird, in einem wahren Sinne also nicht der Leib, sondern der Mensch im Leibe stirbt. Aber Tod in einem menschlichen und christlichen Sinn ist darum umgekehrt auch wesentlich mehr als ein bloßer medizinischer Exitus, in dem das

Herz stillsteht und die elektrischen Gehirnströme aufhören. Der Tod ist, richtig verstanden, ein ganzmenschliches Ereignis [...]. Im Tod – empirisch gesehen – entzieht sich die Welt dem Freiheitssubjekt, ja dieses wird sich selber genommen. Es geht alles unter, es ist die Nacht, in der niemand wirken kann, wie die Schrift sagt.

Wie begegnet das Freiheitssubjekt diesem Untergang, in dem es nichts einzelnes und nicht einmal sich selbst in seiner reflektierten Gegebenheit festhalten kann? Es sind zwei Weisen denkbar, in denen das Freiheitssubjekt diesen Untergang entgegennimmt. Entweder versteht sich das Subjekt in einem letzten schuldhaften, keine frei sich schenkende Liebe eines andern entgegennehmenden

Willen zu einer absoluten Autonomie und Autarkie als zu absoluter Sinnlosigkeit verdammt, gegen die nur noch radikal protestiert werden kann, oder es nimmt diesen Untergang aller partikulären [einzelnen] Wirklichkeiten gelassen hoffend als den Aufgang und das Nahekommen jener schweigenden Unendlichkeit entgegen [...], um sich gewissermaßen in diese nur scheinbar leere Unendlichkeit hineinzuverlieren. Im ersten Falle ist der Tod das Ereignis endgültiger Verlorenheit, im zweiten Falle der Anfang geretteter Endgültigkeit in Gott. [...]

Vielleicht können wir jetzt etwas deutlicher sagen, worin das Gemeinsame im Tode Jesu und in unserem besteht, was wir tun, wenn wir ihm in seinem Sterben nachfolgen, auch wenn dadurch dann zunächst noch nicht gesagt ist, warum er bei diesem gemeinsamen Sterben das unerlässliche, produktive Vorbild ist, warum unser Sterben im eigentlichen Sinne von seinem Sterben *abhängt* und so wirklich Nachfolge des Gekreuzigten ist. [...]

In der Einheit dieses Ternars [dieser Dreiheit] von Glaube, Hoffnung und Liebe übergab sich Jesus in seinem Tod bedingungslos dem absoluten Geheimnis, das er seinen Vater nannte, in dessen Hände er seine Existenz legte, als in der Nacht seines Todes und der Gottverlassenheit ihm alles entzogen wurde, was sonst den Inhalt einer menschlichen Existenz bedeutet: Leben, Ehre, Angenommenheit von irdischer und religiöser Gemeinschaft und so fort. In der Konkretheit seines Todes wird nur zu deutlich, dass ihm alles unterging, selbst die als Geborgenheit spürbare Nähe der Liebe Gottes, und nur noch schweigend in dieser weglosen Finsternis das Geheimnis waltete, das in sich und seiner Freiheit keinen Namen mehr hat und dem er sich dennoch als der ewigen Liebe und nicht als der Hölle der Sinnlosigkeit gelassen überließ. Insofern ist sein Tod und unser Tod der gleiche, auch wenn die konkreten Umstände des Sterbens variieren zwischen einem grauenhaften Marterpfahl, an dem der grausame Irrsinn der Menschen einen andern Menschen zu Tode quält, und dem Sterbebett in einer heutigen Klinik, an dem weißgekleidete Ärzte alles tun, damit der Sterbende nicht merke, woran er ist.

Ob so oder so gestorben wird, das mag unter vieler Hinsicht einen großen Unterschied machen, so dass wir uns mit Recht einen gnädigen und sanften Tod wünschen. Aber im letzten ereignet sich bei allen eben doch im Tod dasselbe: uns wird alles genommen und wir auch uns selber; wir alle fallen, jeder für sich allein in den finsteren Abgrund, in dem es keine Wege mehr gibt. Und diesen Tod, der zunächst einmal unserer ist, ist Jesus gestorben; er, der aus der Herrlichkeit Gottes kam, ist nicht nur in unser Menschenleben herabgestiegen, sondern auch in den Abgrund unseres Todes gefallen, und sein Sterben hat begonnen, da er zu leben begann, und war zu Ende am Kreuz, da er sein Haupt neigte und starb. Wenn wir unsere eigene menschliche Wirklichkeit durch Gott angenommen glauben, dann gilt dies dann auch von unserem Tod. Weil der ewige Logos des Vaters [= Gottes Wort in der Person Jesu] ihn als seinen eigenen Tod erlitten hat, muss dieser Tod erlöst sein, geheiligt, letzter Verzweiflung und Sinnlosigkeit entrissen, erfüllt vom ewigen Leben Gottes selbst. Das kann und muss gesagt werden, wenn wir voraussetzen, was der christliche Glaube von Jesus Christus als dem eingeborenen Sohn des Vaters selbst bekennt, und wenn wir von diesem Bekenntnis her sagen, dass er gestorben ist, wie wir sterben […].

Aber haben wir die Frage schon beantwortet, ob und in welchem Sinne wir in unserem Sterben wirklich dem am Kreuz sterbenden

Jesus *nach*folgen, so dass Jesu Tod wirklich das produktive Vorbild unseres Todes wird, dass unser Tod anders ist, als er sonst wäre, wenn wir ihn nicht gerade in seiner Nachfolge sterben würden? [...]

Jesu Auferstehung ist nicht bloß ein Ereignis, das sich in einer seltsamen Weise unerwartbar an seinen Tod anreiht, sondern Ergebnis seines Todes als solchen selbst [...]. Wir können wirklich sagen: sein Tod ist (im Sinne eines unlöslichen Wesenszusammenhangs) seine Auferstehung und umgekehrt, weil er gerade im Tode – so und nicht anders – in das endgültige Leben gerät. [...]

Wenn also sein Tod zu einer realen Bestimmung unseres eigenen Todes werden soll, [...] dann muss er uns an seinem Tod

Anteil geben. [...] Im Glauben an ihn und seine Gnade verwandelt sich unser Tod aus einer Erscheinung sündiger Gottverlassenheit oder einer offenen Frage in die unheimliche Unbegreiflichkeit Gottes hinein zu einem Tod in die liebende Annahme unserer Existenz durch Gott in dessen eigenes Leben hinein, zu einem Tod in Auferstehung.

Die höchste Tat des Glaubens

Zu dieser Überlegung, in der die Gleichheit des Todes bei Jesus und bei uns zu einer eigentlichen Nachfolge des Gekreuzigten im Sterben wird, muss aber noch etwas ausdrücklich hinzugefügt werden. Unser Tod und Jesu Tod geschehen, auch und gerade als Auferstehung, in die schweigende Unbegreiflichkeit und Unverfügbarkeit Gottes hinein. Das ist die Voraussetzung dafür, dass der Tod das höchste und radikalste Ereignis des Glaubens ist. Die Nachfolge des Gekreuzigten als solchen ist die höchste Tat des Glaubens, hoffende und liebende Übergabe an die Unbegreiflichkeit Gottes [...] wie in einen totalen Untergang hinein.

Wenn wir dies zunächst von unserem Tod auch als Nachfolge des Gekreuzigten sagen müssen, dann ist von dieser seltsamen Einheit des Todes Jesu und unseres Todes doch noch nicht alles gesagt. Gewiss entschwindet uns Jesus durch seine Auferstehung in die Unverfügbarkeit Gottes hinein. Aber seine

Auferstehung ist dennoch gleichzeitig das Ereignis der Heilsgeschichte, das, wenn auch nur im Glauben ergriffen, dennoch zu dieser Geschichte dieser Welt und dieser Menschheit gehört [...].

Vor der Auferstehung Jesu war in der Geschichte der Welt [...] die siegreiche Irreversibilität [die Unwiderruflichkeit] der Selbstmitteilung Gottes an die Welt nicht festgemacht und greifbar, der endgültige Ausgang der Weltgeschichte als Heil in der Geschichte selber nicht greifbar. Das Drama der Weltgeschichte auch als ganzer war noch offen und ambivalent. Seit der Auferstehung ist das anders; in ihr ist die Peripetie [die Wende] des Dramas der Weltgeschichte zum Guten, zum ewigen Heil schon geschehen. Daraus lässt sich zwar für den einzelnen und sein individuelles Heilsschicksal durch uns noch kein eindeutiger Schluss ableiten; aber die Situation der Hoffnung ist doch auch für den einzelnen schon eine andere als vor Jesu Auferstehung. [...]

Was so im Allgemeinen über das Verhältnis der Weltgeschichte zu Tod und Auferstehung Jesu gesagt ist, gilt somit auch vom Verhältnis unseres Sterbens zu dem Sterben Jesu, zumal dann, wenn dieses Verhältnis ausdrücklich im Glauben realisiert wird. Unser Sterben behält zwar eine gewisse Offenheit und Ambivalenz, aber es ist doch umfasst von der Verheißung, die für uns in dem siegreichen Tod Jesu in seine Auferstehung hinein gegeben ist. Paulus sagt: »Getreu ist das

Wort: wenn wir mit ihm gestorben sind, werden wir auch mit ihm leben« (Tit 3,8).

Wir haben schon früher gesagt, dass der Tod in einem theologischen Sinne letztlich nicht uhrzeitlich mit dem medizinischen Exitus zusammenfällt, sondern durch das ganze Leben hindurch geschieht und am Ende nur seine Vollendung erreicht. Daher ist es von der Sache her durchaus legitim, wenn die christliche Frömmigkeit in ihrer ganzen Geschichte die Nachfolge des *Gekreuzigten* im christlichen *Leben* zu verwirklichen suchte, in der Annahme alles dessen, was auch bis heute der christliche Sprachgebrauch »Kreuz« nennt: die Erfahrungen der Gebrechlichkeit des Menschen, der Krankheit, der Enttäuschungen, des Unerfülltbleibens unserer Erwartungen und so fort. Überall darin geschieht ein Stück Sterben des Menschen, des Untergangs greifbarer Güter des Lebens. In allen diesen kleinen Sterbestunden in Raten sind wir gefragt, wie wir sie bestehen. Ob wir nur protestieren, nur (wenn auch in kleinen Raten) verzweifeln, zynisch werden und nur um so verzweifelter und unbedingter das festhalten, was uns noch nicht genommen ist *oder* ob wir gelassen das lassen, was uns genommen wird, die Dämmerung als Verheißung einer ewigen Weihnacht voller Licht entgegennehmen, die kleinen Untergänge als Ereignisse der Gnade werten. Wenn wir in dieser zweiten Weise, die gar nicht so leicht von der ersten unterschieden werden kann, das tägliche Kreuz auf uns nehmen, dann vollbringen wir ein Stück der Nachfolge des Gekreuzigten, dann üben wir den Glauben und die liebende Hoffnung ein, in denen der Tod als Ankunft des ewigen Lebens angenommen wird und die Nachfolge Jesu, des Gekreuzigten, zu ihrer Vollendung kommt.

2. Umfasst von einer namenlosen Ferne

[Aus einem Brief an einen Freund:] »Halte es zunächst einmal eine Weile mit Dir aus. Vielleicht findest Du ein Zimmer, wo Du für Dich sein kannst. Oder Du kennst einen stillen Weg oder eine einsame Kirche. Rede dann nicht mit Dir selber wie mit den anderen, mit denen wir diskutieren und uns zanken, selbst wenn sie nicht da sind. Warte, horche, erwarte kein seltsames Erlebnis. Leere Dich nicht anklagend aus, genieße Dich nicht. Lass Dich schweigend auf Dich

selbst zukommen. Vielleicht wird Dir dann recht entsetzlich zumute. Vielleicht merkst Du, wie fern Dir doch alle sind, mit denen Du täglich umgehst und von denen es heißt, dass man ihnen in Liebe verbunden sei. Vielleicht nimmst Du nichts wahr als ein unheimliches Gefühl der Leere und Erstorbenheit. Halte Dich aus, Du wirst erfahren, wie alles, was sich in solcher Stille meldet, umfasst ist von einer namenlosen Ferne, wie durchweht von etwas, das wie Leere erscheint. Nenne es noch nicht Gott! Es ist nur das, was auf Gott verweist und uns in seiner Namenlosigkeit und Grenzenlosigkeit ahnen lässt, dass Gott etwas anderes ist als noch ein Ding mehr, denen hinzugefügt, mit denen wir es sonst zu tun haben. Es lässt uns Gottes

Anwesenheit innewerden, wenn wir still sind und nicht vor dem Unheimlichen, das in der Stille west und waltet, erschreckt fliehen [...] Wenn Du es so bei Dir aushältst und das Schweigen von Gott reden lässt, dann ist dieses laut rufende Schweigen seltsam zweideutig. Es ist zugleich die Angst des Todes wie die Verheißung der Unendlichkeit, die Dir segnend nahe kommt, und sie sind zu nahe beisammen und sich zu ähnlich, als dass wir von uns aus die ferne und doch nahe Unendlichkeit zu deuten vermöchten.«

3. Der Augenblick des Christentums

Kreuz und Auferstehung gehören in jedem authentischen Glauben an Jesus zusammen. Kreuz besagt die nicht mehr zu verschleiernde Forderung nach der unbedingten Kapitulation des Menschen vor dem Geheimnis des Daseins, das der Mensch nicht mehr in seine Gewalt zu bringen vermag, weil er endlich und schuldbeladen ist. Auferstehung bedeutet die unbedingte Hoffnung, dass in dieser Kapitulation die vergebende und selige und endgültige Annahme des Menschen durch dieses Geheimnis erfolgt, dass, wo man ganz loslässt, kein Absturz mehr ist.

Kreuz und Auferstehung Jesu bedeutet, dass eben dieses Loslassen und Nichtfallen durch Gottes Tat an Jesus exemplarisch geschehen ist und auch uns diese Möglichkeit (auch die des Loslassenkönnens, das die schwerste Aufgabe unseres Lebens ist) unwiderruflich zugesagt ist.

Hier bei Jesus hat man das *absolutum concretum* [den absoluten Konkretfall]. Man braucht sich nur auf diesen konkreten Menschen liebend und unbedingt einlassen. Dann hat man alles. Freilich muss man mit ihm zusammen sterben. Aber diesem Schicksal entrinnt keiner. Warum also nicht mit *ihm*, indem man sagt: Mein Gott, warum hast Du mich verlassen, und: In Deine Hände befehle ich meinen Geist? [...]

Nicht beim Reden *über* den Tod, sondern *beim* Tod, seinem und dem eigenen. Erst in diesem Augenblick, der noch für einen selbst aussteht, hat man das Christentum ergriffen.

4. Das letzte Wort des Herzens in der Stunde der Entscheidung

Unser Tod ist der Augenblick der Entscheidung schlechthin. Denn in diesen Augenblick hinein sammelt sich wahrhaft das ganze Leben des Menschen, in diesem Augenblick wird alles an diesem Leben eindeutig fest und endgültig, im Tod wird unsere Zeit und unser Leben Ewigkeit. So oder so. Im Tod sprechen Gott und Mensch, beide, ihr letztes Wort, das Wort, das bleibt und nie mehr verklingt, sondern in Ohr und Herz stehen bleibt, jetzt und immer.

Werden wir die Gnade haben, diesen Augenblick zu einem Gebet zu machen, zu dem hohenpriesterlichen Gebet unseres Lebens, das alles opfert und alles darbringt, das alles, was wir sind und waren, was wir taten und litten, hineinhebt in das Licht Gottes und versenkt in den Abgrund seines Erbarmens?

Werden wir wissend und liebend sterben, wird unser brechendes Auge den erkennen im Tod, der unter dieser Gestalt uns zum letzten Mal in diesem Leben begegnet, den, der selbst gestorben ist, und siehe, Er lebt, Jesus Christus? Werden wir ihm in diesem Augenblick sagen: Ja, komm, Herr Jesus? [...]

Werden wir beten können in dieser Stunde der Entscheidung und betend unseren Geist in Gottes Hände empfehlen können? Möge uns der barmherzige Gott die Gnade verleihen, betend von dieser Welt zu scheiden, damit das letzte Wort des Herzens in dieser Zeit sein könne das erste der Ewigkeit, das nimmer endet!

5. Der Abgrund des Daseins

Da ist der Abgrund des Daseins, in den man fällt. Und man glaubt, dass darin *die* Liebe und *das* Leben selbst wohnt, Gott. Man sagt: Vater. Man betet: Vater, in deine Hände befehle ich mich, meinen Geist, mein Leben, meinen Tod. Man hat getan, was man zuletzt tun konnte. Das andere, das Unsagbare, was Heil ist, wird dann schon kommen.

6.

Das Letzte

wird nur

im Schweigen der Nacht gesagt.

Zu den Textquellen

Alle Titel der sechs Rahnertexte, wie auch der Gesamttitel dieses zehnten Bändchens der Reihe, stammen von den beiden Herausgebern, nicht von Karl Rahner selbst. Die hier ausgewählten Texts Rahners wurden in den Jahren 1946, 1962, 1967, 1972, 1975 und 1978 verfasst, decken also über dreißig Jahre theologischen Nachdenkens des Jesuitentheologen und seiner spirituellen Suche ab.

1. *»Jesus nachfolgen«* ist dem Text »Nachfolge des Gekreuzigten« entnommen. Dieser geht auf einen Vortrag zurück, den Karl Rahner am 14. März 1978 im Dom zu Mainz hielt. Das Originalmanuskript des für den Druck leicht überarbeiteten Vortrags befindet sich im Karl-Rahner-Archiv in München: APECESJ, Abt. 47–1010 (KRA I, A, 982–985), Nr. 830. Der Vortrag wurde veröffentlicht in: Karl Rahner, Schriften zur Theologie, Bd. 13 (Zürich 1978, S. 188–203). Jetzt greifbar in: Karl Rahner, Sämtliche Werke. Bd. 29: Geistliche Schriften. Späte Beiträge zur Praxis des Glaubens. Bearbeitet von Herbert Vorgrimler. Freiburg i. Br. 2007, S. 243–254.

In dem 1982 herausgegebenen Rahner-Lesebuch »Praxis des Glaubens« findet sich eine gekürzte Fassung des Textes (S. 220–233), in der Auslassungen und Ergänzungen nicht eigens vermerkt, aber von Rahner autorisiert sind: »Die Redaktion der Texte«, so die beiden Herausgeber des Lesebuchs, Karl Lehmann und Albert Raffelt, »beschränkt sich in Absprache mit Karl Rahner auf stilistische Glättungen, Vereinheitlichung von Schreibweisen, weiter Untergliederungen durch Absätze, gelegentliches Umformulieren von Anschlüssen oder Zurücknahme von aktuellen Anlässen, umgekehrt auch Einfügung von Querverweisen und Bezügen. Kürzungen sind nicht eigens angegeben« (Karl Lehmann – Albert Raffelt, Einführung, in:

Karl Rahner, Praxis des Glaubens. Geistliches Lesebuch, Freiburg 1982 ([3]1985), S. 9–18, hier 17). Unser Text ist dieser Fassung entnommen, die als Ausgabe »letzter Hand« zu gelten hat.

2. *»Umfasst von einer namenlosen Ferne«* findet sich in dem weihnachtlichen Text »Die Antwort der Stille. Brief an einen Freund«, der erstmals in einer Wiener Tageszeitung (1962) veröffentlicht wurde und dann Aufnahme fand in: Karl Rahner, Glaube, der die Erde liebt (Herderbücherei 266). Freiburg i. Br. 1966 (^{5}1971), S. 21–24; jetzt greifbar in: Karl Rahner, Sämtliche Werke. Bd. 14: Christliches Leben. Aufsätze – Betrachtungen – Predigten. Bearbeitet von Herbert Vorgrimler. Freiburg i. Br. 2006, S. 153–155, unsere Textpassage S. 153.

3. *»Der Augenblick des Christentums«* gehört in den Essay »Warum bin ich heute ein Christ?«, zunächst geschrieben für Meyers Enzyklopädisches Lexikon (Bd. 5, Mannheim 1972, S. 672–677). Er wurde auszugsweise wiederholt nachgedruckt und erhielt dann Aufnahme in: Karl Rahner, Wagnis des Christen. Geistliche Texte. Freiburg i.Br. 1974, S. 27–40, später in dem mit Karl-Heinz Weger gemeinsam veröffentlichten Band »Was sollen wir noch glauben?« (Freiburg i.Br. 1979) der Herderbücherei (Nr. 700), allerdings erweitert und unter dem veränderten Titel »Ich glaube an Jesus Christus« (S. 187–207). Jetzt greifbar in: Karl Rahner, Sämtliche Werke. Bd. 26: Grundkurs des Glaubens. Studien zum Begriff des Christen-

tums. Bearbeitet von Nikolaus Schwerdtfeger und Albert Raffelt. Freiburg i. Br. 1999, S. 489–497 (SW 26 folgt der Textfassung aus »Wagnis des Christen«), unsere Textpassage S. 493 f.

4. *»Das letzte Wort des Herzens in der Stunde der Entscheidung«* ist ein Abschnitt aus dem Rahner-Klassiker »Von der Not und dem Segen des Gebetes«: Fastenpredigten im Hungerwinter 1946 in der Jesuitenkirche St. Michael (bzw. im Bürgersaalkirche der Marianischen Männerkongregation, wegen kriegsbedingter Schäden bis Pfingsten 1953 die »St. Michaels-Notkirche«). Das vielfach aufgelegte, in mehrere Sprachen übersetzte und sogar in Blindenschrift (1966) vorliegende Rahnerbändchen erschien erstmals 1949 und wurde ein Best- und Longseller (^{16}1985). Seit 1958 erschien es als Taschenbuch (Herderbücherei 28, ab ^{9}1977 Herderbücherei 647). Im Jubiläumsjahr 2004 erschien im Verlag Herder die zweibändige

Kassette »Beten mit Karl Rahner«, Bd. 1 »Gebete des Lebens« mit einer Einführung von Kardinal Karl Lehmann, Bd. 2 »Von der Not und dem Segen des Gebetes« mit einer Einführung von Rudolf Hubert und Roman A. Siebenrock. Die letzte Neuausgabe mit einem Vorwort von Anselm Grün und einer Einführung von Hubert Biallowons datiert aus dem Jahr 2021. Alle Texte sind greifbar in: Karl Rahner, Sämtliche Werke, Bd. 7: Der betende Christ. Geistliche Schriften und Studien zur Praxis des Glaubens. Bearbeitet von Andreas R. Batlogg. Freiburg i. Br. 2013, S. 39–166, darin »Gebete der »Entscheidung« S. 108–116, unsere Textpassage S. 115.

5. *»Der Abgrund des Daseins«* gehört in den Text »Passion des Menschensohnes«, dem Ansprachen im Bayerischen Rundfunk an den Tagen der Karwoche vom 20. bis 25. März 1967 (Sendereihe: »Worte zum Tag«) zugrunde liegen, veröffentlicht in: Karl Rahner, Gnade als Freiheit. Kleine theologische Beiträge (Herderbücherei 268). Freiburg i. Br. 1968, S. 191–198. In der Edition »Sämtliche Werke« Karl Rahners aufgenommen in Bd. 23, S. 376–382, unsere Textpassage S. 381.

6. *»Im Schweigen der Nacht«:* Der Schlussakkord dieses Bändchens ist dem Artikel »Geweihte Nacht« entnommen, der sich ursprünglich fand in: Karl Rahner, Glaube, der die Erde liebt (siehe oben Nr. 2), S. 28–32; jetzt greifbar in: Karl Rahner, Sämtliche Werke, Bd. 14, S. 327–330, unsere Textstelle S. 330.

In eckigen Klammern stehende Wörter in den Rahnertexten sind Einfügungen der Herausgeber zum besseren Verständnis. Wo aus Gründen der Übersichtlichkeit Stellen gekürzt wurden, ist dies durch [...] markiert. Zur besseren Lesbarkeit wurden zuweilen längere Textpassagen in Absätze unterteilt.

Karl Rahner

Alle Bände mit Festeinband und Leseband.

Was Ostern bedeutet
80 Seiten
ISBN 978-3-7867-4032-2

Alt werden und lebendig bleiben
120 Seiten
ISBN 978-3-7867-3274-7

Vom Unterwegssein, Pilgern und Ankommen für immer
80 Seiten
ISBN 978-3-7867-3248-8

Im Alltag nicht alltäglich werden
64 Seiten
ISBN 978-3-7867-3181-8

Von der Kraft, täglich neu zu beginnen
64 Seiten
ISBN 978-3-7867-3211-2

Warum Beten manchmal schwerfällt – und was daran gut ist
88 Seiten
ISBN 978-3-7867-3240-2

Advent – Von der tiefen Sehnsucht unseres Lebens
80 Seiten
ISBN 978-3-7867-3147-4

Von der stillen Weihnacht unseres Herzens
80 Seiten
ISBN 978-3-7867-3193-1